Trandafirul Alb

(The White Rose)

DANA DALEA

Ordering Information:

Prime Seven Media
518 Landmann St.
Tomah City, WI 54660

Printed in the United States of America

CUPRINS

CUVÂNTUL
AUTOAREI

*M*ulțumesc

Lui Dumnezeu: TatA, Fiul, Duhul sfânt, Sfintei Maicii noastre maria, îngerului pazitor pe care l-am primit la botez, tuturor sfintilor !

mulțumesc

Domnului doctor bercea andrei de la spitalul privat oncocenter din timișoara

Doamnei doctor ciurescu ioana de la spitalul privat pelican din oradea

Domnului doctor hajjar rami de la spitalul judetean al județului timiș din timișoara Pius brînzeu de la secția chirurgie

Domnului doctor faur flaviu ionuț de la spitalul județean din timiSoara

Domnului doctor rezident orha de la spitalul judetean din timiSoara

Pentru sprijin deosebit în lupta cu cancerul !

Mulțumesc

Familiei mele: mama, tata, bunica, veriSorilor, unchilor, mAtuSilor !

Mulțumesc

PreoTilor ortodocSi:

preot laurian popa din timișoara

preot megan din timișoara

preot petre CONSTANTIN costinean din ciuchici !

mulțumesc

preotului greco-catolic viorel costinar din tîrnova!

mulțumesc

domnului primar ion orbulescu din ciuchici!

mulțumesc

prietenilor și colegilor!

INTRODUCERE

ROMÂNIA ȘI GRECIA – RELIGIA ORTODOXĂ

*B*iserica Ortodoxă este o comunitate de credință creștină.

Astăzi credincioșii ortodocși sunt organizați în Biserici Ortodoxe autocefale (greacă, rusă, română, sârbă, bulgară, albaneză, poloneză, etc.) aflate în comuniune liturgică unele cu altele.

Numele de Ortodoxie vine din limba greacă (orthos = drept, corect și doxa = slăvire) și înseamnă Dreapta Credință.

Biserica Ortodoxă are la bază succesiunea apostolică neîntreruptă începută de cei 12 Apostoli ai lui Iisus Hristos. În Europa: Belarus, Bulgaria, Georgia, Grecia, Macedonia, România, Republica Moldovă, Rusia, Serbija, Muntenegru, Ucraina. Comunități ortodoxe în Europa mai sunt: Albania, Bosnia, etc. În Asia Centrală și în Turcia. În America Centrală și de Nord: USA. În Africa: în Egipt.

Biserica Ortodoxă Coptcă este o biserică autocefală. Are propiul ei Papă.

Copții sunt locuitorii creștini ai Egiptului. Ei sunt care au acceptat religia creștină în primele secole ale erei noastre. Reprezintă cea mai mare minoritate religioasă din Egipt, precum și una dintre cele mai vechi comunități creștine din Orientul Mijlociu. Limba liturgică este limba arabă si respectiv limba coptcă. În Egipt sunt aproximativ 9 milioane de crestini ortodocsi. În Statele Unite ale Americii aproximativ 1 milion si în Australia aproximativ 70.000.

Biserica Ortodoxă Calcedoniană este reprezentată de Bisericiile și Teologiile care acceptă Sinodul de la Calcedon despre natura Divină si natura Umană a lui Iisus Hristos.

Grecia sau Republica Elenă cunoscută în Antichitate sub numele de Elada este o țară a Europei de Sud.

Cu capitala la Atena, cel mai mare oraș din țară, Grecia are aproximativ 11 milioane de locuitori, învecinându-se cu Albania, Macedonia de Nord, Bulgaria, Turcia.

Este o țară democratică cu multe insule.

Kefalonia este o insulă în Marea Ionică cu capitala în orașul Argostoli și o populație de 24.000 de locuitori.

Sfântul Gherasim din Kefalonia s-a născut în anul 1506 în satul Trikala și a decedat în 15 August 1579 în Mănăstirea sa din Kefalonia.

A fost, este și va fi cinstit ca Sfânt Ortodox și protector religios a locuitorilor insulei grecești și grabnic ajutător în boli și în necazuri a tuturor celor care ii citesc Acatistul și rugăciuni la Sfântul Gherasim și celor care prăznuiesc pomenirea lui.

România este un stat situat în Europa Centrală și Europa de Est.

Este ultima țară traversată de marele fluviu Dunărea în partea de Sud și este situată la curbura lanțului muntos a Munților Carpați.

Se învecinează cu Bulgaria, Srbija, Ungaria, Republica Moldovă.

În partea de Sud- Est se învecinează cu Marea Neagră și respectiv cu Turcia.

Capitala României este București, cel mai mare oraș al țării.

Limba oficială este Limba Română, o limbă latină.

Moneda oficială este Leul și Euro.

De-a lungul istoriei, România de azi, în timpul conducătorului Burebista a fost Regatul Daciei, sfărâmat / pierdut apoi de către Decebal.

O imfluență culturală de scriere a avut-o limba greacă și a grecilor.

Astăzi Limba greacă și Limba latină se studiază predominant în cadrul Școlilor Teologice Ortodoxe.

Deși mulți locuitori ai României merg în concedii in Grecia mai ales vara, majoritatea românilor și grecilor vorbesc limba engleză.

România a parcurs Primul Război Mondial și Al Doilea Război Mondial și aparține Uniunii Europene, alianței NATO și zonei Shengen.

Județul Arad cu Reședința de județ în Orașul Arad este situat în Vestul României.

Se învecinează cu județele: Timiș, Hunedoara, Bihor.

Este o Regiune cu o istorie bogată și cu o varietate de atracții turistice. De la cetăți medievale la peisaje naturale spectaculoase:

1. Cetatea Șiria
2. Mănăstirea Hodroș- Bodrog
3. Stațiunea Moneasa
4. Castelul Nădlac
5. Rezervația Naturală Lunca Mureșului
6. Catedrala Ortodoxă din Arad
7. Lacul Ghioroc
8. Cetatea Dezna
9. Centrul Vechi al orașului Arad
10. Muzeul Memorial din Șiria

Judeţul Timiş este aşezat în partea de Vest a României.

Reşedinţa lui este Oraşul Timişoara, capitala Regiunii de Vest şi cel mai mare şi Important oraş.

Geografic cel mai vestic punct al României se află în judeţul Timiş. De pe un deal se pot vedea trei ţări: România, Serbia şi Ungaria.

Judeţul Timiş are graniţe cu Serbia şi cu Ungaria.

Turistic se pot vizita obiectivele :

1. Staţiunea Balneară Buziaş
2. Zona Etnogeografică Ţara Făgetului Munţii Poiana Ruscă
3. Lacul Surduc
4. Laleaua pestriţă în Rezervaţia Naturală Lunca Pogănişului
5. Concertual anual de Muzică Simfonică de la Peştera Româneşti
6. Rezervaţia Naturală Sat Chinez
7. Mlaştinile Murani şi Domeniile Murani
8. Charlottenburg, Dealurile de Vest
9. Pădurea Bistra
10. Biserica de lemn de la Poieni

În oraşul Timişoara:

1. Castelul Huniade
2. Bastionul Maria Theresia
3. Cetatea Timişoara – Fortificaţie

4. Opera
5. Catedrala Ortodoxă Metropolitană

Alte atracții turistice:

1. Salina din Timișoara
2. Vaporașele de pe Bega
3. Parcul Botanic
4. Aqua Park
5. Cele 3 Malluri : Iulius Town Mall, Shopping City Mall, Sud Plaza Mall

Mergând cu mașina cu familia pe traseul Timișoara – Arad am descoperit frumuseți peisagistice în sate și orașe, în lanuri de rapiță, de floarea- soarelui, de maci și de grâu.

Mănăstirea Hodroș – Bodrog a fost înființată în România de călugări greci din Grecia.

Legenda mănăstirii spune că un animal de talie mare, un bou, a scormonit cu coarnele în pământ o lună de zile după care a dezgropat din pământ o icoană de lemn cu chipul Maicii Domnului – Sfânta Fecioară Maria, mama lui Iisus Hristos, Mântuitorul lumii.

Animalul nu a mai vrut să plece de lângă icoană și s-a așezat în groapa din pământ.

A așteptat să vină oamenii.

Stăpâna lui a vrut să îl ia cu ea în turma sa de vaci. Animalul s-a năpustit asupra ei și a omorât-o.

Văzând grozăvia oamenii au omorât animalul. Apoi s-au uitat în groapă.

De jale au construit o Mănăstire și au păstrat la loc de cinste coarnele animalului în ea.

Mănăstirea s-a format din călugări greci cu sute de ani în urmă.

Se spune că o mamă care avea un singur fiu nu a dorit ca acesta să devină călugăr, ci să se căsătorească și să aibă și ea nepoți.

Fiul însă a fugit de acasă și s-a călugărit.

Se spune că această mamă l-ar fi blestemat ca la moartrea lui să nu îl primească pământul.

După mai mulți ani când acesta a murit, a fost îngropat într-o groapă de pământ în sicriu, dar sicriul a ieșit la suprafață.

Preoții l-au îngropat din nou și tot așa.

În final s-a constatat că sicriul său să rămână la suprafață și să îl îmbrace în piatră de marmură albă.

Pe un zid se află o inscripție în limba greacă, iar lângă inscripție se află o inimă făcută din piatră.

Se spune că călugărul era foarte evlavios. El se ruga mai ales Sfintei Maria.

Cei care se roagă Sfintei Maria și apoi se roagă Sfântului Călugăr Preot cu nume Necunoscut din Arad pot auzi bătăi de inimă în zid.

Cei care au suflet curat se vor simți mai bine, mai liniștiți, vor primi o bunătate sufletească și își vor putea îndeplini visele, dorințele cele plăcute lui Dumnezeu.

În prezent mănăstirea are 25 de călugări ortodoxi români.

Mănăstirea are două biserici.

Impresionează prin curățenie, curtea cu trandafiri, gospodărie de pomi fructiferi și viță de vie.

O imensă parcare de mașini.

Mănăstirea oferă cazare.

Călătoria noastră a început vineri dimineața și a durat până sâmbătă la prânz.

Am ajuns la Slujba de Maslu la ora 10:00. Apoi au fost alte slujbe. Seara la ora 18:00 ne-am spovedit. Apoi Slujba de Maslu de vineri noaptea între orele 23:30 și 02:00.

Am mers în cameră.

Am participat la slujba de Sâmbătă dimineața. Ne-am Cuminicat.

Am mai prins un Parastas, o pomană.

Înainte să pornim la drum s-au dat jos niște flori cu verdeață care erau legate fiecare cu sârmă în formă de cruce pe o cruce impresionant de mare cu niște moaște sfinte.

Am primit fiecare câte un trandafir alb.

Ne-am întors acasă.

Eu am păstrat trandafirul alb. L-am pus într-o farfurioară de plastic rosie. L-am păstrat fără apă, ca o floare presată. S-a ofilit, dar încă mai are un parfum suav.

Fiindcă l-am adus din Arad în Timişoara el reprezintă un simbol, ca o rugăciune între mine şi preotul călugăr grec necunoscut care în prezent, după moarte, a dobândit Duh Sfânt de la Dumnezeu, Iisus Hristos şi Sfânta Fecioară Maria.

În rugăciunile mele de seară, înainte de culcare, la sfârşit menţionez şi o rugăminte la adresa vre-unui Sfânt căruia i-am citit Acatistul sau despre care am auzit lucruri bune, minuni săvârşite în timpul vieţii sau după moarte.

Sfinte Haralambie, roagă-te lui Dumnezeu pentru mine !

Sfântă Maică Marie, roagă-te lui Dumnezeu pentru mine !

Sfântă Parascheva, roagă-te lui Dumnezeu pentru mine !

Sfinte călugăr preot necunoscut din Arad, roagă-te lui Dumnezeu pentru mine !

Sfinte Gherasim, roagă-te lui Dumnezeu pentru mine !

Sfinte Nicolae, roagă-te lui Dumnezeu pentru mine !

Sfinte Nectarie, roagă-te lui Dumnezeu pentru mine !

Sfinte Pantelimon, roagă-te lui Dumnezeu pentru mine !

Sfinte Dionisie, roagă-te lui Dumnezeu pentru mine !

Sfinte Spiridon, roagă-te lui Dumnezeu pentru mine !

Sfinte Andrei, roagă-te lui Dumnezeu pentru mine !

Sfântă Marina, roagă-te lui Dumnezeu pentru mine !

Sfinților Ciprian și Iustina, rugați-vă lui Dumnezeu pentru mine !

Rugați-vă toți Sfinților lui Dumnezeu pentru mine !

CAPITOLUL I

RUGĂCIUNI

Rugăciune de lăsare în voia lui Dumnezeu :

În mâinile milostivirii Tale celei mari, o, Dumnezeul meu, încredinţez sufletul şi trupul meu, simţirile şi graiurile mele, sfaturile şi gândurile mele, lucrurile şi toate cele trebuincioase ale trupului şi ale sufletului meu.

Tu, Doamne, Binecuvântează-mă, Miluieşte-mă şi mă izbăveşte de tot răul, ca petrecând viaţă fără de păcat, în toate zilele vieţii mele să ajung la viaţa cea veşnică cu Sfinţii Tăi în împărăţia Ta, în Rai şi cu dânşii să te slăvesc in Veci.

Amin !

Rugăciune:

Născătoare de Dumnezeu, Fecioară, Bucură-te! Ceea ce eşti plină de dar, Marie, Domnul este cu Tine!

Binecuvântată eşti Tu între femei şi binecuvântat este rodul pântecului Tău , că ai născut nouă pe Iisus Hristos, Mântuitorul sufletelor noastre !

Rugăciuni la vreme de ispită:

Doamne, Doamne, Tu, Cel ce ai îngăduit diavolului să ispitească în Rai pe strămoşii noştri Adam şi Eva, spre a le încurca ascultarea şi supunerea, Tu, Cel ce de asemenea ai îngăduit diavolului să ispitească cu grele suferinţe pe dreptul Iov, Robul Tău, pentru ca şi mai lămurit să se vădească virtuţile şi credinţa lui în Tine, Tu, Cel ce ai dat îngăduinţă satanei să se apropie cu ispite de însuşi Fiul Tău Iisus Hristos, spre a-l îmbia şi a-l momi cu poftele şi cu deşărtăciunile acestei lumi, pentru ca, îmfrânt şi ruşinat, acest duh blestemat, să audă din gura Mântuitorului Lumii cuvintele: Înapoia mea satană ! Căci este scris: Domnului Dumnezeului Tău să te închini şi numai Lui să-i slujeşti ! Tu, Cel ce tuturor drepţilor şi sfinţilor tăi le-ai dat vremi de ispită şi grele îndoieli, pentru ca, prin ele lămurindu-se, să iasă şi să rămână şi mai întăriţi în credinţă, în nădejdea, în dragostea, în supunerea cea către Tine, Însuţi Atotputernice şi Preabunule Stăpâne, ajută-mi şi mie în această clipă grea, când duhul satanei îmi tulbutră mintea cu îndoieli şi cu îmboldiri şi când viclene amăgiri îmi frământă inima şi sufletul, arată-mi Milostive, adevărul şi Calea Ta

Cea Dreaptă, pentru ca biruind uneltirile lui de acum, să mă pot bucura de cuvintele Apostolului Tău Iacob care zice: Fericit bărbatul / femeia care rabdă ispita, căci lămurit făcându-se va lua Cununa Vieții Veșnice pe care a făgăduit-o Dumnezeu celor care îl iubesc pe El. Dăruiește-mi Stăpâne, inimă curată și credință tare, pentru ca în aceste clipe să pot cânta dimpreună cu Proroocul Tău și Regele poporului ales David: Doamne, cât s-au înmulțit cei ce mă necăjesc! Mulți zic: Nu este mântuirea Lui întru Dumnezeul Lui! Iar Tu, Doamne, sprijinitorul meu ești, slava mea și cel ce înalți fruntea mea! Cu glasul meu către Domnul am strigat și m-a auzit din muntele cel Sfânt al Lui! A Domnului este Mântuirea și peste tot poporul Tău, Binecuvântarea Ta Doamne ! Amin !

Rugăciune pentru ușurarea sufletului de întristări, spaimă, gânduri și vise urâte:

Din Psalmii lui David:

Dumnezeule, în numele Tău mântuiește-mă și întru puterea Ta mă judecă! Dumnezeule ascultă Rugăciunea mea, pleacă urechea ta la graiurile gurii mele. Ia aminte spre mine și mă ascultă, că m-am mâhnit întru îngrijorarea mea și m-am abătut. Teamă și cutremur au venit peste mine și întunericul m-a acoperit. Doamne, Dumnezeul mântuirii mele, ziua am strigat și noaptea inaintea Ta. Să ajungă până la Tine rugăciunea mea, că s-a umplut de rele sufletul meu și viața mea de iad s-a apropiat. Miluește-mă Doamne, că neputincios sunt, vindecă-mă că s-a tulburat foarte mult sufletul meu. Ostenit-am întru suspinul meu. Spăla-voi în fiecare noapte patul meu, cu lacrimile mele, așternutul meu voi uda. Pentru ce ești mâhnit suflete al meu și pentru ce mă tulburi ? Nădăjuiește spre Dumnezeu și mă voi mărturisi Lui: Mântuirea feței mele și Dumnezeul Meu. Domnul este luminarea mea și Mântuitorul meu ! De cine mă voi teme? Domnul este sprijinitorul vieții mele ! De cine mă voi înfricoșa ? Iubiter-voi Doamne vîrtutea mea ! Domnul este întărirea mea și scăparea mea și izbăvitrorul meu. Dumnezeu este ajutorul meu și voi nădăjdui întru dînsul: El este apărătorul meu și puterea mântuirii mele și sprijinitorul meu ! Amin !

Rugăciune:

Tatăl Nostru

Tatăl Nostru care ești în ceruri,
Sfințească-se numele Tău.
Vie Împărăția Ta,
Facă-se voia Ta,
Precum în cer, așa și pe Pământ.
Pâinea noastră, cea de toate zilele,
Dă-ne-o nouă astăzi

Și ne iartă nouă greşelile noastre,

Precum şi noi iertăm greşitţilor noştri

Și nu ne duce pe noi în ispită,

Ci ne mântuieşte de cel rău !

Amin!

Sfânta Treime:

Căci a Ta este Împărăţia şi Puterea şi Mărirea: a Tatălui, a Fiului şi a Duhului Sfânt ! Treime Sfântă, Slavă Ţie !

Rugăciune:

Îngerul păzitor

Înger, îngeraşul meu,

Ce mi te-a dat Dumnezeu,

Roagă-te la Dumnezeu,

Pentru sufleţelul meu:

Eu sunt mic / mică,

Tu fă-mă mare !

Eu sunt slab / slabă,

Tu fă-mă tare !

În tot locul mă însoţeşte

Și de rele mă păzeşte!

Amin !

CAPITOLUL II

O BOALĂ GRAVĂ
- CANCERUL

Într-o seară, pe când eram adunați toți ai casei și spuneam fiecare câte o rugăciune, eu am simțit o căldură pe umărul meu stâng și apoi pe sânul meu stâng.

Am decis să îmi fac o ecografie mamară.

Mi s-a spus că am trei noduli de dimensiuni mici la sânul stâng: unul de 0.5 mm, unul de 1.5 cm, unul de 2.5 cm.

Vestea a fost cam dură. Apoi am întrebat:

— Nodulii sunt benigni sau maligni ?

Medicul radiolog a răspuns:

— Au marginile neregulate. Trebuie făcute alte analize mai amănunțite pentru a vedea dacă este ceva grav sau nu.

Am înțeles că sunt Suspectă de Cancer. M-am îngrijorat. Le-am spus părinților. Și ei s-au îngrijorat. Apoi a urmat un lung șir de analize.

Timp de o lună în perioada Septembrie – Octombrie 2024 am făcut : mamografie, ecografie mamară, biopsie, RMN, PET-CT, analize sangvine, analize genetice, etc.

La sfârșitul lunii Octombrie s-a stabilit : aveam Cancer Mamar Triplunegativ !

Un diagnostic grav, o boală mortală, iar faptul că era Triplu Negativ după cum era menționat și pe google în articole medicale, însemna că nu răspunde la tratamentul clasic. Mai mult datorită vârstei de 42 de ani este o formă de Cancer foarte agresiv, cu tumori mici, dar cu diviziune tumorală foarte rapidă.

Am decis să îmi fac încă o ecografie mamară.

Fără tratament tumorile au mai crescut câte 3 mm fiecare.

Am discutat cu mai mulți medici din orașe precum: Timișoara, Cluj, București. Și din alte țări precum: Germania, Grecia, Turcia, Ungaria.

În Uniunea Europeană a apărut mai recent Imuno Terapia care înseamnă o substanță perfuzabilă, care, după ce intră în sânge, transmite organismului să producă propriul organism propriile celule care să lupte contra celulelor canceroase. Este forțată măduva spinării și este forțat creierul, dar există vindecare.

În România însă Imuno Terapia a fost aprobată ca tratament gratuit doar pentru bolnavii de cancer de piele, cancer pulmonar și metastaze canceroase. În cancerul mamar, încă nu.

Singura speranță a fost într-un medic simpatic, tânăr, calm, care a dorit să ne ajute.

Trebuia să îmi cumpăr cu bani, resurse proprii, medicamentul perfuzabil din farmacie.

La sfârșitul lunii Octombrie am început prima ședință de Imuno Terapie și Chimio Terapie, ambele împreună, un ciclu lung de câte șase perfuzii.

M-a costat 5.000 de euro doza de Imuno Terapie adică 250.000 de lei.

Am stat într-o zi de marți la Onco Center Timișoara de dimineață de la ora 09:00 până la ora 16:50.

Am întâmpinat probleme.

Eram alergică la Chimio Terapie la Paclitaxel. M-am înroșit. Aveam stări de greață. Aveam călduri. Aveam palpitații la inimă. Apoi s-a instalat starea de rău general – stare de leșin. Doamnele asistente au apăsat butonul de panică și mi-au oprit perfuzia. Eu mi-am văzut moart5ea cu ochii, atât de rău îmi era ! Am fost dusă la wc într-un scaun cu rotile. M-am spălat cu apă rece pe față. Eram roșie și ardeam.

Aveam ciclu sau o mică hemoragie. În oglindă toate venișoarele de la albul ochilor erau roșii. M-am întors în salon. După 15 minute am continuat tratamentul. Abia la ora 17:00 mi s-au terminat perfuziile, după care, medicii au mai așteptat încă un sfert de oră să vadă dacă nu există alte reacții adverse. Nu au mai existat.

La ora 17:30 ni s-au dat foile, am coborât și am plecat cu părinții cu mașina spre locul de muncă.

Aveam o singură oră, marți, de la ora 18:00 la ora 19:40 cu o singură grupă de elevi de grădiniță.

Fiindu-mi rău am invitat un părinte, o mămică să stea și ea în clasă cu mine și cu elevii la oră.

În fiecare zi de luni mi se ia sânge pentru analize.

În fiecare zi de marți fac tratamentul perfuzabil.

Am pus apartamentul în vânzare.

Mama plângea cel mai mult. Zi și noapte căuta pe internet. Ea a găsit și ONG- uri care erau dispuse să ajute.

Un domn din București a spus că în toată România există doar un singur oraș Oradea și doar un singur spital Pelican care are în prezent un Proiect Internațional cu un parteneriat cu fabrica de medicamente și tratamentul ar fi gratuit.

După multe discuții, l-am trimis pe tata, personal, cu dosarul meu în Oradea.

Tata ne-a spus că medicul ne-a băgat în program. Și că s-a interesat și există acolo, lângă Spital, un Hotel de 3 stele, care ne poate primi contra-cost, într-un apartament cu 2 camere, situat la mansardă.

Viața mea s-a schimbat.

Am intrat din luna Noiembrie a anului 2024 în Concediu Medical.

În prezent fac tratamentul și în Timișoara și o dată pe lună și în Oradea.

Un vis

Am visat:

Am avut un coșmar, după care a apărut o lumină și în ea un om, un bărbat tânăr, cu părul negru și fața albă, care mi-a spus:

— Tumorile canceroase o să îți scadă.

Am întrebat:

— Cine ești tu ?

Am primit răspunsul:

— Un străin.

Apoi mi-a spus:

— O să te tămăduiești la a patra tură de perfuzii, ciclul lung.

M-am trezit din vis.

Eram bucuroasă.

Le-am spus părinților visul.

Toată familia era bucuroasă. Mama însă mai sceptică. Am convins-o:

— Mergem la un eco mamar să vedem!

Situație nouă: după perfuzii, tumorile au mai scăzut în dimensiuni. Ne-am bucurat !

După ce am repetat analizele de sânge valorile erau foarte mici.

Corpul slăbit, predispus la orice fel de virus, fără prea mulți anticorpi.

Făcusem vaccinul Antigripal la medicul de familie.

Nu prea am voie să ies din casă pe vreme rea și friguroasă sau să intru în contact cu alți oameni bolnavi de gripă sau alte boli.

Rar ies în parc în zona de lângă casă.

Am repetat analizele. Valorile scădeau vertiginos.

Am întrebat medicul dacă există medicamente sau injecții sau tratament perfuzabil. Mi s-a spus că nu există. Singura soluție rămâne regimul alimentar, alimentația sănătoasă și somnul, odihna.

Am făcut o mică pauză. Am întrerupt tratamentul.

Seara am observat apariția unor pete mici și roșii pe piele. Ușoară erupție în cazul bolii de Trombocitopenie. Ceva grav.

Dimineața petele roșii de pe umăr au mai dispărut, însă au apărut alte pete roșii în jurul buricului și la mandibulă.

Citesc pe google:

Trombocitopenia reprezintă o afecțiune hematologicăcaracterizată prin scăderea numărului de trombocite, la nivel sanguin, sub valorile intervalului biologic de referință, cuprinse în mod normal între 150.000 și 350.000.

Eu aveam 70.000.

Continui să citesc:

Trombocitopenia apare atunci când măduva osoasă nu produce suficiente trombocite.

Trombocitele sunt celulele sanguine care formează cheaguri de sânge pentru a ajuta organismul în oprirea sângerării – zgaiba.

Factorii de risc sunt : o afecțiune de bază sau un medicament.

Gândesc:

În cazul meu afecțiunea este boala mea Cancer, iar medicamentul este Paclitaxel din Chimio Terapie.

Anumite afecțiuni medicale pot determina apariția Trombocitopeniei la pacienți:

1. Anemia aplastică
2. Boli autoimune
3. Afecțiuni Maligne.

Simptome:

1. Erupții cutanate, cu puncte mici și roșii, numite peteșii
2. Sângerări nazale
3. Sângerări gingivale
4. Sângerări care durează mult și care nu se opresc de la sine
5. Sângerări menstruale abundente

În cazuri mai severe pot apărea:

1. Sânge în scaun
2. Sânge în urină
3. Vărsături sângeroase

În cazuri rare, Trombocitopenia poate provoca sângerare în interiorul creierului, adică hemoragie cerebrală.

Diagnosticul se stabilește în urma unor analize de laborator numită Hemoleucogramă.

Tratamentul poate fi:

1. Transfuziile de sânge
2. Prescrierea de steroizi
3. Operația de îndepărtare a splinei

Prevenția:

1. Evitarea sporturilor
2. Dietă

Era o zi de sâmbătă. Spitalele erau închise. Doar urgențele. Ne pregăteam de o posibilă internare la spital. Îmi era cam rău. Din ce în ce tot mai rău.

În seara aceea am citit o Rugăciune: Bogorodișnaia, destul de lungă cu peste 150 de scurte rugăciuni închinate Sfintei Maria mama Mântuitorului nostru Iisus Hristos, dar foarte frumoasă.

M-am rugat. Am adormit.

În ziua următoare petele cele roșii de sânge au dispărut.

Aveam pielea albă, curată.

Dimineața am început să mănânc mâncare de regim cu alimente verzi și roșii – fructe și legume.

I-am mulțumit lui Dumnezeu.

Apoi am repetat analizele. Aveam deja 250.000 de trombocite. Nu puteam crede. Îmi imaginam că puteau urca poate de la 70.000 undeva la 100.000 sau poate puțin peste, dar asta era o veste chiar foarte bună.

În urma analizelor s-a decis continuarea tratamentului.

De bucurie am decis să citesc în fiecare zi cartea Bogorodişnaia până când o să mă vindec.

Într-o seară nu am putut să citesc decât primele 10 rugaciuni şi am lăsat cartea deschisă pe masă.

Am adormit.

Un vis

În vis mi-a apărut o lumină şi un bărbat relativ tânăr în ea, care mi-a spus:

— Am terminat eu de citit cartea Bogorodişnaia pentru tine. Poţi continua să citeşti de mâine.

M-am trezit zâmbind. Era un vis frumos.

În Cancer un rol important îl are alimentaţia sănătoasă, bogată în fructe şi legume, carne, lactate, fără uleiuri, grăsimi şi fără zahăr.

Meniul meu:

Dimineaţa: un ou fiert tare / moale,

Mai târziu: o cană de lapte,

Mai târziu: fructe variate: un singur fruct din diferite soiuri,

Prânz: carne de pui fiartă sau carne de peşte la cuptor, cu salată verde, ceapă verde şi varză murată

Mai târziu: un iaurt alb, simplu,

Mai târziu: fructe diferite: un singur fruct din diferite soiuri,

Cină: un ou fiert tare / moale sau griş cu lapte sau orez cu lapte (fără zahăr, fără siropuri, fără dulceaţă, fără miere de albine, fără cacao sau ness, permis cu scorţişoară sau nucşoară sau nucă măcinată sau nucă de cocos. Etc.)

Mai târziu: o cană de lapte

Consum zilnic peste 1 kg de fructe diferite în aceeaşi zi. De exemplu: portocale, clementine, mandarine, lămâi, mere, pere, nuci, struguri, banane, gutui, scoruşe, fructe de pădure, etc.

Un vis

În vis mi-a apărut o lumină, iar în ea un bărbat brunet cu pielea albă. Acesta mi-a spus:

— Vino să ţi-o arăt pe mama noastră.

M-am mirat.

Apoi a apărut o altă lumină şi în ea era o femeie.

— Cine eşti tu ? Pleacă de la familia mea ! Am zis.

Lumina a dispărut.

A reapărut o lumină cu acelaşi bărbat în ea. El mi-a spus:

— Eu nu te voi părăsi niciodată !

Apoi m-am trezit.

RUGĂCIUNE

Către Iubitorul de Oameni, Dumnezeu Tatăl

Stăpâne Doamne Atotţiutorule, Izvorul cel mai presus de margine, negrăit şi puruti din veac în veac, Părinte al vieţii şi al nemuririi, întărirea cea mai presus de Putere, Cel de toate minţile neînţeles şi de niciuna de rânduielile cele de sus cunoscut. Mărirea cea covârşitoare şi nearătată, Bunătatea cea atotpricinitoare, izvorâtoare şi prea îndestulată, Cel ce reverşi din plin peste toate cele ce sunt bunătatea Ta cea negrăită şi împărtăşeşti tot binele făpturilor Tale, după rânduiala şi purtarea primită de fiecare. Cel ce l-ai făcut pe om pentru a se împărtăşi din bunătăţile Tale şi cu toate cele bune în chip Dumnezeiesc L-ai împodobit, ca să se slăvească pe Pământ, Numele Tău, cel de mare cuviinţă. Şi fiindcă s-a stricat cu păcatul, iarăşi, spre mai bine, zidindu-l a doua oară, întru Hristosul Tău, prin Care toate le-ai adus întru fiinţă, le-ai suit la Ceruri.

Mulţumesc Ţie că îndelung ai răbdat până acum şi nu m-ai lăsat să pier pentru păcatele mele.

Mulţumesc Ţie că de nenumărate ori, întorcându-te m-ai mângâiat şi în ziua relelor m-ai acoperit, mi-ai dat ajutor de mântuire, dreapta Ta m-a sprijinit şi certarea Ta m-a îndreptat desăvârşit.

Mulțumesc Ție că te-ai făcut mie povățuitor și luminare și nădăjduire și că prin cuvinte și gânduri și pildede-a pururi către Mântuire mă povățuiești și mă luminezi.

CAPITOLUL III

COLINDE DE CRACIUN

O, ce veste minunată !

O, ce veste minunată,
În Betleem se arată !
Că astăzi s-a născut
Cel făr de-nceput
Cum au spus proroocii !

Că la Betleem, Maria,
Săvârşind călătoria,
Într-un mic sălaş,
Lângă acel oraş
L-a născut pe Mesia.

Pe fiul ce-n a-l său nume,
Tatăl l-a trimis în lume:
Să se nască
Şi să crească,
Să ne Mântuiască !

MOS CRACIUN CU PLETE DALBE

Mos Craciun cu plete dalbe
A sosit de prin nameti
Si aduce daruri multe
La fetite si baieti

Mos Craciun, Mos Craciun

Din batrani se povesteste
Ca-n toti anii negresit
Mos Craciun pribeag soseste
Niciodata n-a lipsit

Mos Craciun, Mos Craciun

Mos Craciun cu plete dalbe
Incotro vrei s-o apuci
Ti-as canta Florile dalbe
De la noi sa nu te duci!

Mos Craciun, Mos Craciun!

Colindele lui Mos Craciun
www.colinde-craciun.ro

O brad frumos

O, brad frumos, o
brad frumos,
Cu cetina tot
verde.
Tu esti copacul
credincios,
Ce frunza nu si-o
pierde,
O, brad frumos, o
brad frumos,
Cu cetina tot
verde.

Ay Árbol de Navidad

Ay árbol de Navidad, muy verdes son tus hojas.
Ay árbol de Navidad, muy verdes son tus hojas.
Muy verdes cuando hay calor
Y cuando el frío ya llegó.
Ay árbol de Navidad, muy verdes son tus hojas.

Ay árbol de Navidad, tú nos alegras tanto.
Ay árbol de Navidad, tú nos alegras tanto.
Tu estrella nos recordará
Promesas de felicidad
Ay árbol de Navidad, tú nos alegras tanto.

Ay árbol de Navidad, tu luz brilla por siempre.
Ay árbol de Navidad, tu luz brilla por siempre.
Tus ramas viven con calor
Y en el invierno fuertes son.
Ay árbol de Navidad, tu luz brilla por siempre.

CAPITOLUL IV

CARTEA CARTILOR
– BIBLIA – PASTELE

Alimente interzise în Cancer sunt: din categoria fructelor grapefruitul și pomelo, iar din categoria plantelor sunătoarea.

Obișnuiesc să beau ceai din cozi de cireșe sau ceai de mentă, cu lămâie, fără miere de albine.

Alimentele trebuie să fie la temperatura camerei, nici foarte reci, din frigider, nici foarte calde, de pe aragaz.

Bolnavului de Cancer îi este interzis să stea în frig.

Nu are voie nici măcar să bage singur mâna în frigider. Sau dacă o va face, se recomandă să poarte o mănușă pe mână.

Cancerul de sân își are originea în țesutul mamar, în principal în canalele de lapte și glandele mamare.

Neoplasmul mamar apare atunci când celulele mamare se modifică și cresc necontrolat, creând o masă de țesut numită tumoare.

O tumoare începe de obicei ca un nodul sau un depozit de calciu care se dezvoltă ca urmare a creșterii anormale a celulelor.

Majoritatea nodulilor la sân sunt benigni, dar unii pot fi maligni.

Cancerul la sân este frecvent întâlnit în rândul femeilor, mai ales a celor de peste 50 de ani. Deși cazurile sunt destul de rare și bărbații pot dezvolta cancer mamar.

Există mai multe tipuri diferite de Cancer la sân:

1. Carcinom ductal invaziv
2. Carcinom ductal in sitiu
3. Carcinom lobular invaziv
4. Carcinom lobular in sitiu
5. Cancer mamar triplu negativ
6. Cancer de sân inflamator
7. Boala Paget a sânului.

Cancerul la sân triplu negativ este unul dintre cele mai dificile boli de tratat. Se numește triplu negativ deoarece nu are 3 dintre markerii asociați cu alte tipuri de cancer de sân. Acest lucru îngreunează pronosticul și tratamentul.

Ma puțin frecvente sunt și:

1. Angiosarcomul
2. Tumorile Phyllodes.

Tumorile Phyllodes sunt rare. De obicei sunt benigne, dar pot fi și maligne.

Termenul benign înseamnă tumori necanceroase sau noduli.

Termenul malign înseamnă tumori canceroase adică Cancer.

În cazul nodulilor la sân de tip benign se recomandă ca tratament operația chirurgicală.

În cazul tumorilor canceroase la sân se recomandă ca tratament Chimio Terapia, operația chirurgicală, după aceea Radio Terapia.

Suntem la sfârșitul lunii Decembrie a anului 2024.

Afară este frig, bate vântul, uneori plouă sau este ceață, mai ales dimineața și seara. La prânz de obicei iasă soarele. Este un soare slab, cu dinți. Nu a nins. Nu se poate merge cu săniuța decât în zonele muntoase, cu pârtii special amenajate. Nu se pot face oameni de zăpadă.

În Mall la patinoar copiii se pot da cu patinele pe o gheață artificială.

În Centrul Timişoarei oamenii de toate vârstele se pot da cu Roata Panoramică, pot servi un vin fiert sau un compot de măr, ambele cu scorţişoară, pot consuma porumb fiert, turtă dulce, îşi pot cumpăra de la Târgul de Crăciun diferite produse lactate sau mezeluri de casă sau îmbrăcăminte de iarnă.

Am vizitat Centrul Timişoarei.

Bradul de Crăciun înalt de aproape 1.000 de m era împodobit cu luminiţe. Scena pentru concerte era şi ea acolo. Mi-a plăcut ornamentul din lemn care îmfăţişa Naşterea Domnului Nostru Iisus Hristos. De jur-împrejur instalaţii cu luminiţe.

Noaptea în Centru este o altă atmosferă.

Întorcându-mă acasă, citesc Biblia !

— Sfântă Ana, roagă-te lui Dumnezeu pentru noi !

Sfântul şi dreptul Ioachim a fost din seminţia lui Iuda, trăgându-şi neamul din casa lui David, împăratul astfel: din neamul lui Natan, fiul lui David s-a născut Levi, iar Levi a avut copii pe Melhie şi pe Pamfir, iar Pamfir a avut copil pe Varpafir, iar Varpafir a avut copil pe Ioachim, tatăl Născătoarei de Dumnezeu.

Acesta petrecea în Nazaretul Galileii având soţie pe Ana, din neamul lui Aaron, fiica lui Mathan, preotul, care a preoţit în zilele Cleopatrei şi ale lui Casopar, împărații Persiei, mai înainte de împărăția lui Irod, fiul lui Antipater.

Iar Mathan avea femeie pe Maria, din seminția lui Iuda, în Betleem și a avut cu ea trei fiice:

Pe Maria, pe Sovia și pe Ana.

A treia, Sfânta Ana, maica Preasfintei Născătoare de Dumnezeu a fost soția lui Ioachim în pământul Galileeiei, din cetatea Nazaret.

Această însoțire de neam mare, Ioachim și Ana, viețuind după Lege drepți au fost ei înaintea lui Dumnezeu, iar fiind îndestulați cu bogăția cea materialnică, mai presus de toate aveau bogăție duhovnicească. Și așa cu toate bunătățile se îmfrumusețau ei, umblând în toate poruncile Domnului, fără de prihană. Iar la tot Praznicul deosebeau din averea lor două părți, din care o parte o dădeau lui Dumnezeu, la bisericeștile trebuințe, iar cealaltă parte la săraci.

Maica Domnului, Sfânta Maria, s-a născut din oameni neroditori și străini, nu din părinți care s-ar fi sârguit la fapte trupești, ci din părinți îmfrânați, fiind ei la bătrânețe, pentru că petrecuseră în însoțire, neavând fii și fiice timp de 50 de ani.

Și a zămislit Sfânta Ana în ziua a noua a lunii lui Decembrie, iar în Septembrie a născut pe fiica sa cea preacurată și binecuvântată, Fecioara Maria, pe începătoarea și mijlocitoarea Mântuirii noastre, de a cărei naștere Cerul și Pământul s-au bucurat.

Când era Maria de 3 ani, prin Dumnezeiască poruncă au dus-o pe ea cu slavă în Biserica Domnului, petrecând-o cu făclii și au dat-o pe ea lui Dumnezeu ca dar precum se făgăduiseră.

La vârsta de 15 ani Sfânta Maria a rămas însărcinată cu Duh Sfânt.

Pentru a nu fi omorâtă cu pietre Iosif se căsătorește cu Maria.

Sfânta Maria îl naște pe Mântuitorul Lumii Iisus Hristos în Betleem.

O lumină foarte mare pe cer călăuzește pe cei trei Magi spre locul nașterii lui Iisus Hristos și îi aduc Împăratului Lumii: aur, smirnă și tămâie.

După 20 de ani în care am vizitat întreaga lume, am fost în excursii, am fost în petreceri: nunți, botezuri, revelioane, am participat la înmormântări, m-am aranjat, m-am machiat, am gustat mâncăruri exotice, din toate continentele, după 20 de ani în care nu m-am mai rugat lui Dumnezeu deloc sau aproape deloc, acum cu această boală mortală am început să mă rog, să vizitez Biserici și Mânăstiri.

În trecut am vizitat 10 capitale şi multe oraşe ale lumii: Bucureşti, Budapesta, Belgrade, Atena, Paris, Madrid, Istanbul, Viena, Hurghada, Amiens, Santiago de Compostela, Mutzig, Strassbourg, insulele: Corfu, Eghina, Creta, Zakintos, Kefalonia.

Am văzut: Oceanul Atlantic, Marea Ionică, Marea Mediterană, Marea Egee, Marea Neagră, Strâmtoarea Bosfor, Fluviul Dunărea şi Lanţul Munţilor Carpaţi de la noi din ţară, mai ales Muntele Semenic şi Muntele Mic, unde m-am dat cu săniuţa. Multe Peşteri şi Cascade.

Aducerea aminte de moarte sensibilizează conştiinţa, luminează mintea, arată drumul cel curat.

Să cugetăm mereu la ultima zi din viaţa noastră, la ultimile clipe, astfel nu vom mai păcătui.

Dumnezeu îngăduie de multe ori ca cei mândri să cadă, pentru a se statornici mai bine în pocăinţă profundă şi totodată pentru a se folosi şi ceilalţi de el ca exemplu.

Nepăsarea, trândăvia, somnul sufletului sunt groaznice, deoarece sufletul doarme şi păşeşte prin viaţă ca un robot, fără să simtă rostul şi înclinaţia omului.

Spuneţi Rugăciunea: aceasta sfinţeşte gura, sfinţeşte aerul, sfinţeşte locul în care a fost rostită.

Postul, printre altele îmfrânează poftele dobitoceşti pe care le avem şi este mereu de folos trupului şi sufletului.

Când cineva are grijă să evite, pe cât posibil, greşelile nu se va cutremura în faţa dreptăţii lui Dumnezeu.

Diavolul tremură la numele lui Iisus Hristos şi când Rugăciunea se face astfel încât cineva să înţeleagă ce a cerut, adică să fie conştient, atunci frica diavolului este mult mai mare.

Diavolii pun o mulţime de piedici pentru ca omul să nu se roage, deoarece toate cursele, toate capcanele diavolilor sunt distruse prin Rugăciune.

Unde există ordine şi pace acolo este şi Dumnezeu, unde este dezordine, acolo este şi tulburare sufletească, iar unde este tulburare sufletească acolo este şi diavolul.

În prezent am vizitat biserici: Catedrala Mitropolitană din Timişoara, Biserica Ortodoxă din Timişoara, Biserica Ortodoxă din Ciuchici, Catedrala din Reşiţa, Biserica Ortodoxă din Tîrnova. Mănăstiri: Mănăstirea Şag-Timişeni, Mănăstirea Nera, Mănăstirea Călugăra, Schitul din Nicolinţ, Mănăstirea Hodoş-Bodrog, Mănăstirea Prislop, Mănăstirea Sfântul Gherasim.

Din Biblie, Cartea Cărţilor sau cea mai frumoasă carte, în Vechiul Testament am găsit capitolul 11 din Leviticul: Animalele curate şi necurate : În vremea aceea a grăit Domnul cu Moise şi cu Aaron şi a zis: Grăiţi fiilor lui Israel şi le ziceţi: Iată animalele pe care le puteţi mânca din toate dobitoacele de pe Pământ: Orice animal

cu copita despicată, care are copita despărțită în două și
își rumegă mâncarea îl puteți mânca.

DA	NU
Peștele, oaia, capra, vita, lăcusta și soiurile ei, solamul și soiurile lui, hargolul și soiurile lui, hagabul și soiurile lui.	Cămila, iepurele de casă și iepurele de câmp, porcul, vulturul, zgripțonul, vulturul de mare, corbul, șoimul, cu soiurile lor, cioara, cu soiurile ei, struțul, cucuveaua, rândunica, uliul cu soiurile lui, huhurezul, pescărușul și ibisul, lebăda, pelicanul, cocorul, cocostârcul, bâtlanul cu siurile lui, pupăza, liliacul, cârtița, șoarecele, șopârla, șarpele, ariciul, crocodilul, salamandra, melcul, cameleonul.

24. Tot ce se va atinge de trupul lor, necurat va fi
    până seara.

43. Să nu vă spurcați sufletele voastre cu vre-o
    vietate târâtoare și să nu vă pângăriți cu ea să
    fiți din pricina ei necurați

44. Că Eu sunt Domnul Dumnezeul vostru. Sfinţiţi-vă şi veţi fi sfinţi. Că Eu Dumnezeul vostru sfânt sunt. Să nu vă pângăriţi sufletul cu vre-o vietate din cele ce se târăsc pe Pământ.

45. Că Eu sunt Domnul. Deci fiţi sfinţi, că Eu, Domnul sunt Sfânt.

46. Aceasta este Legea cea pentru dobitoace, pentru păsări, pentru toate vietăţile ce mişcă în apă şi pentru toate vietăţile ce trăiesc pe Pământ.

47. După care se pot deosebi cele necurate de cele curatre şi vietăţile ce se mănâncă de vietăţile ce nu se mănâncă.

Leviticul 16-18 Capitolul 17 Oprirea de a mânca sânge

1. Grăit-a Domnul cu Moise şi a zis:
2. Vorbeşte lui Aaron fiilor lui şi tuturor fiilor lui Israel şi zi către ei: Iată ce porunceşte Domnul:
11. Nimeni din voi să numănânce sânge şi nici străinul care locuişte la voi să nu mănânce sânge.

Capitolul 18 Oprirea însoţirilor nelegiuite

4. Ci Legile Mele să le pliniţi şi aşezămintele mele să le păziţi, umblând după cum poruncesc, că Eu sunt Domnul Dumnezeul vostru.

Capitolul 19 Tâlcuirea Poruncilor

1. Grăit-a Domnul cu Moise și a zis:
2. Vorbește la toată obștea fiilor lui Israel și le zi: Fiți sfinți, că Eu, Domnul Dumnezeul vostru sunt Sfânt.

Capitolul 23 Despre Sărbători

1. Grăit-a Domnul cu Moise și a zis:
2. Vorbește fiilor lui Israel și le spune care sunt sărbătorile Domnului în care se vor face adunările Sfinte. Sărbătorile Mele sunt acestea:
3. Șase zile să lucrați, iar ziua a șaptea este ziua odihnei, Adunare Sfântă a Domnului: nicio muncă să nu faceți, aceasta este odihna Domnului în toate locuințele voastre.
17. Să aduceți din locuințele voastre dar ridicat: două pâini făcute din două zecimi de efă de făină de grâu, coapte cu Dospitură, ca pârgă Domnului.

Capitolul 25 Anul jubileu

14. De vei vinde ceva aproapelui tău sau de vei cumpăra ceva de la aproapele tău, să nu înșele nimeni pe aproapele său.
17. Să nu înșele nimeni pe aproapele său, teme-te de Domnul Dumnezeul Tău, Eu sunt Domnul Dumnezeul vostru.

Un vis

Am visat șapte case albe mici cu șapte cărări,
cu iarbă verde și flori, într-o noapte.

Colindă

Steaua sus răsare

Steaua sus răsare,
Ca o taină mare,
Steau strălucește
Și lumii vestește,
Și lumii vestește:

Că astăzi Curata,
Preanevinovata,
Fecioara Maria,
Naște pe Mesia,
Naște pe Mesia !

Magii cum zăriră
Steaua și porniră
Mergând după rază
Pe Hristos să vadă,
Pe Hristos să vadă...

Și dacă sosiră
Îndată-l găsiră,
La dânsul intrară
Și I se închinară.
Și I se închinară.

Cu daruri gătite,

Lui Iisus menite,

Ducând fiecare

Bucurie mare!

Bucurie Mare!

Care bucurie

Și la voi să fie

De la Tinereţe

Pân la Bătrâneţe,

Pân la Bătrâneţe !

Psalmii lui David

Psalmul 50

Miluește-mă Dumnezeule, după mare mila Ta și după mulţimea îndurărilor Tale, șterge fărădelegea mea. Spală-mă întru totul de fărădelegerea mea și de păcatul meu mă curăţește. Că fărădelegerea mea eu o cunosc și păcatul meu înaintea mea este pururi. Ţie unuia am greșit și rău înaintea Ta am făcut, așa încât drept ești Tu întru Cuvintele Tale și biruitor când vei judeca Tu. Că iată întru fărădelegi m-am zămislit și în păcate m-a născut mama mea. Că iată adevărul ai iubit, cele nearătate și cele ascunse ale înţelepciunii Tale mi-ai arătat mie. Stropimă-vei cu isop și mă voi curăţa, spăla-mă-vei și mai mult decât zăpada mă voi albi. Auzului meu vei da bucurie și veselie,

bucurase-vor oasele mele cele smerite. Întoarce fața
Ta de către păcatele mele și toate fărădelegile mele
ștergele. Inimă curată zidește întru mine Dumnezeule
și duh drept înnoiește întru cele dinăuntru ale mele.
Nu mă lepăda de la fața Ta și Duhul Tău Cel Sfânt
nu-L lua de la mine. Dă-mi iarăși bucuria mântuirii
Tale și cu Duh Stăpânitor mă întărește. Învăța-voi
pe cei fără de Lege cărările Tale și cei necredincioși
la Tine se vor întoarce. Izbăvește-mă de vărsarea de
sânge Dumnezeule, Dumnezeul mântuirii mele.
Bucura-se-va limba mea de dreptatea Ta. Doamne
buzele mele vei deschide și gura mea va vesti lauda
Ta. Că de-ai fi voit jertfă ți-aș fi dat, arderile de tot
nu le vei binevoi. Jertfa lui Dumnezeu: duhul umilit,
inima îmfrântă și smerită Dumnezeu nu o va urgisi.
Fă bine Doamne întru bunăvoirea Ta Sionului și să se
zidească Zidurile Ierusalimului. Atunci vei binevoi
jertfa dreptății, prinosul și arderi de tot, atunci vor
pune pe altarul Tău viței.

Chimioterapia sau Tratamentul cu Citostatice respectiv
Paclitaxelul sau în termeni populari o cură cu 12 perfuzii
Albe afectează toate celulele corpului și le distrug și
pe cele bune, nu doar pe cele cancerigene. Din această
cauză am probleme cu venele. Adică pereții venelor s-au
îngroșat ca o reacție de apărare a organismului în fața
toxicității excesive.

Concret, când am fost la Spital, la tratamentul cu perfuzii, doamna asistentă a dorit să îmi pună branula, a înțepat o venă mai mare, principală, de la mâna stângă, în zona opusă opusă cotului, dar nu a curs nicio picătură de sânge. A fost nevoită să îmi pună o branulă pe o venă dreaptă și mică, din față, de jos, partea mâinii de către degete. A reușit. Însă după ce s-a terminat prima perfuzie, adică Paclitaxelul, perfuzia pe aparat, care fiind pe aparat mergea un pic mai repede, vena fiind mică a cedat.

Concret, doamna asistentă a dorit să spele vena cu ser, dar împingând pistonul seringii, serul nu mergea. Eu aveam dureri mari. I-am spus că mă doare destul de tare.

— S-a spart vena !

O pată roșiatică și albastră mi-a apărut pe sub piele.

În ziua aceea grea am avut parte de două sau trei locuri în care mi s-a schimbat branula.

Foarte greu !

Deseori mă rog la Dumnezeu. Și cred că doar el mă ajută și mă poate ajuta în vindecare. Mă rog: pentru iertarea păcatelor, pentru mulțumire, pentru ajutor și pentru însănătoșire.

Uneori am senzația că sunt ajutată de îngerul meu păzitor pe care l-am primit de la Dumnezeu la Botez și care este bun rugător pentru fiecare, deși sunt și conștientă de faptul că noi păcătoșii nu prea merităm. Alteori sunt bucuroasă pentru ajutorul primit.

— Bucură-te Îngerul meu păzitor !
— Sfânt, Sfânt, Sfânt, Domnul Savaot !
— Osana, cea frumos curgătoare și lină, Osana !
— Facă-se voia ta Doamne, nu voia noastră !

Concret, când am ajuns acasă m-am dat cu mir pe mâini și m-am rugat lui Iisus Hristos, apoi m-am culcat oarecum dezamăgită. Dimineața am observat că pata roșu-albăstruie sau mov de sub piele era gălbui-albicioasă aproape de culoarea normală a pielii.

O mică minune a Duhului Sfânt s-a întâmplat cu mine.

Data viitoare când m-am dus la tratament mi-am făcut o scurtă Rugăciune.

Am simțit o căldură și deși continuam să stau prost cu venele, doamna asistentă a nimerit de prima dată vena, o venă mică, care a rezistat fără să se spargă și nu am simțit durere în timpul tratamentului.

Între tratament și ieșitul destul de rar în parcul de lângă casă se întrevede o viață grea, dar care mă apropie de Dragostea lui Dumnezeu nemărginită.

Există zile când stau doar în casă, uneori dorm la prânz sau chiar de două ori pe zi. În aceste zile uneori privesc lumea doar de la geam. Cu asta sunt obișnuită și mă resemnez. Mai citesc Biblia sau câte un Acatist sau Paraclis sau Bogorodișnaia sau Rugăciuni pentru Bolnavi. Când eram elevă, apoi studentă, citeam cursurile de aproximativ 100 de pagini și priveam pe geam.

O viață sedentară se poate transforma într-o viață grea, de boală apăsătoare, mortală, într-o luptă pe viață și pe moarte.

Pentru mine lupta existențială nu constă în bunuri materiale, ci în lucruri spirituale.

Când un bolnav de Cancer aude că are această boală, prima întrebare persistentă este:

— Cât mai am de trăit ?

O întrebare la care nimeni de pe Pământ nu poate răspunde.

Frica morții ne aduce întotdeauna mai aproape de Dumnezeu. Am decis să mă Cuminec în fiecare Duminică. Nu pot să țin Post, dar am primit Dezlegare.

Cu bucurie în suflet astăzi, în luna Ianuarie a anului 2025 mărturisesc puterea vindecătoare a rugăciunilor mele către Dumnezeu.

Ție Doamne îți mulțumesc !

CAPITOLUL IV

MASECTOMIA MADDEN

*D*eschid telefonul și citesc :

Anemia în Cancer este o afecțiune caracterizată de un deficit de celule roșii în sânge, care joacă un rol crucial în transportul oxigenului în tot corpul.

În contextul Cancerului, anemia apare adesea ca o consecință a tratamentelor acesteia.

Aceasta reprezintă o complicație frecvent întâlnită la pacienții cu boli neoplazice.

Tipuri de Cancer care provoacă Anemia:

1. Cancerul gastrointestinal
2. Cancerul ginecologic
3. Cancerul de prostată
4. Cancerul de sân
5. Leucemia
6. Cancerul pulmonar

7. Cancerul hepatic
8. Mielomul multiplu

Cauzele:

1. Deficitul de fier Fe
2. Deficiențe de vitamine
3. Inhibarea hematopoiezei
4. Mecanisme autoimune
5. Tratamente

Tratamentul Citotoxic poate provoca scăderi ale hemoglobinei.

Medicamentele utilizate în Chimioterapie pot afecta direct măduva osoasă, inhibând producția de celule sangvine, inclusiv a globulelor roșii.

Simptomele:

1. Oboseală extremă
2. Slăbiciune musculară
3. Paloare
4. Dificultăți de respirație
5. Tahicardie
6. Amorțeli sau furnicături
7. Dureri de cap
8. Probleme cognitive
9. Îngijorări emoționale

Şi continui citind:

Anemia poate afecta funcţiile cognitive, provocând dificultăţi de concentrare, confuzie sau probleme de memorie.

Diagnostigarea

Analize de sânge respectiv hemograma completă.

Tratament

Pacienţii care urmează Chimioterapie pot beneficia de tratament cu Eritropoietină, un hormon care stimulează producţia de globule roşii în măduva osoasă.

În cazul în care tratamentele nu sunt eficiente şi valorile rămân sub 7 g / dl poate fi necesară administrarea transfuziei de masă eritrocitară. Această procedură oferă o ameliorare simptomatică imediată, îmbunătăţind rapid nivelul de hemoglobină şi stare a pacientului.

Transfuziile sunt rezervate pentru cazuri de anemie severă.

Tratamentul anemiei în Cancer este aşadar personalizat şi presupune colaborarea strânsă între oncologi, hematologi, specialişti în nutriţie, care este esenţială pentru pacient.

Informarea pacienţilor despre simptomele anemiei şi importanţa monitorizării stării lor hematologice poate încuraja auto-observarea şi raportarea promptă a simptomelor către echipa medicală.

Aici mă opresc. Pot spune doar că mama m-a salvat de la moarte.

Într-o noapte, în timpul tratamentului de chimioterapie şi după un lung şir de analize de sânge, mergeam la wc la ora 03:00 noaptea. După ce am terminat, când m-am ridicat de pe vasul de toaletă, după ce m-am spălat pe mâini, inima a început să îmi palpite puternic, am făcut câţiva paşi şi am leşinat. Mi-am pierdut cunoştiinţa, am căzut în baie, de la uşa băii, pe jos, pe gresie, până pe coridor, spre oglindă. Mama a auzit zgomotul căzăturii şi văzându-mi şlarfii m-a recunoscut şi a venit repede la mine. Speriată m-a strigat:

— Dana !

Mi-am revenit şi am răspuns:

— Am căzut !

M-am ridicat singură. Mama m-a pansat.

Mai târziu am mers la Spital pentru o Transfuzie de sânge. Eram albă ca o coală de hârtie. După primele picături de sânge m-am colorat. Inima îmi bătea cu putere. Apoi bătea mai rar, mai bine, normal.

După transfuzie am reușit să mă ridic din pat și să merg.

— Dumnezeu să-i Binecuvinteze pe cei care au donat sânge !

Ajunsă acasă deschid laptopul.

Masectomia Madden sau masectomia radical modificată reprezintă tratamentul chirurgical al Cancerului Mamar ce presupune îndepărtarea în întregime a sânului, cu păstrarea mușchiului pre-pectoral.

Este recomandată în stadii foarte avansate. În unele cazuri ea poate fi aleasă ca modalitate de tratament la dorința expres a pacientului care alege de bunăvoie această abordare din dorința de a minimiza pe cât posibil posibilitatea de a dezvolta o Recidivă.

Limfadectomia este o procedură chirurgicală ce constă în îndepărtarea unuia sau mai multor ganglioni limfatici.

Este adesea efectuată pentru evitarea răspândirii Cancerului.

Principalele componente ale Sistemului Limfatic sunt vase foarte mici care transportă excesul de limfă către vasele limfatice mari, care se varsă apoi în Sistemul Circulator, adică în sânge.

Ganglionii limfatici sunt vase mici în formă ovală, situați în întreg corpul, sub piele, care funcționează ca filtre împotriva materialelor străine, reziduale. Aceştia se grupează adesea în zone precum: gâtul, sub braţ, pelvisul, în zona inghinală, etc.

Limfadectomia axilară constă în îndepărtatrea ganglionilor limfatici în zona axilei, cel mai frecvent asociată cu Cancerul de sân.

O limfodectomie regională sau selectivă îndepărtează un eşantion de ganglioni limfatici localizaţi în vecinătatea tumorii.

Dacă un ganglion este afectat de Cancer, medicul chirurg poate hotărâ să îndepărteze ganglionii suplimentari pentru o mai mare siguranţă.

Posibile complicaţii după scoaterea ganglionilor limfatici:

1. Infecţia plăgii chirurgicale
2. Hemoragii sau sângerări
3. Edem limfatic
4. Leziuni ale nervilor
5. Tromboze
6. Fibroză

Operaţia a fost o intervenţie chirurgicală cu o durată de 2 ore şi pentru mine a durat de la ora 10:30 dimineaţa până la ora 15:00 incluzând anestezierea pacientului şi trezirea după anestezie.

Prima zi la Spital: după analizele de sânge, după ce m-am schimbat în pijamale, am fost dusă la alte analize pentru a-mi stabili greutatea, înălțimea, capacitatea pulmonară. Chiar în prima zi m-am întâlnit cu o colegă și o bună prietenă mai în vârstă, și ea tot la Spital, la analize. M-am bucurat. M-am întors în salon. Mama se plimba pe coridor. La orele de vizită a venit și tata. În salon mai erau câteva persoane, femei. În acea zi, seara, o femeie tânără a fost dusă la ATI, la Terapie Intensivă, fiindu-i foarte rău.

A doua zi în jurul orei 12:00 a plecat acasă, externată o doamnă din comuna Sasca a județului Caraș-Severin.

A treia zi a fost ziua operației mele. În această zi am primit 3 perfuzii după operație: una cu medicamente, una cu glucoză, una cu ser fiziologic și sare. După anestezie, am primit calmante din 3 în 3 ore și ziua și noaptea. La ora 00:00 am făcut primul anticoagulant Clexane.

A doua zi după operație nu am mai făcut perfuzii, nici calmante, deoarece nu mai aveam dureri.

În fiecare noapte la aceeași oră făceam anticoagulantul.

Mesele în Spital erau destul de bune, cu mâncare de Catering.

Operația a fost o reușită !

Am stat în Spital internată în total o perioadă de 9 zile, adică 2 zile înainte de operație și 7 zile după operație.

Am ajuns acasă cu tuburile de dren la mine. Aveam 2: unul la sân, unul la axilă. Cu recomandarea să vin la pansat în fiecare dimineață și la scos firele sau mai precis a capselor de la cusătura operației.

Peste câteva zile mi s-au scos tuburile de dren și capsele, cu recomandarea de a face exerciții de gimnastică medicală în vederea prevenirii unui posibil limfedem.

Când am ajuns acasă bunica plângea de bucurie.

Nu am reușit să mergem la Paști la Ciuchici.

În Spital, de Paști, la secția de Chirurgie nu erau în salon alte persoane: doar eu și mama.

În ziua de Duminică am primit ouă roșii și cozonac și macaroane cu brânză dulce la cuptor. Mamei i-au plăcut foarte mult.

Acasă m-am cântărit: m-am mai îngrășat !

Limfedemul

Limfedemul numit și edenul limfatic este o afecțiune cauzată de o acumulare de lichid limfatic în țesuturi, sub piele, care apare în urma unor tratamente chirurgicale în boli oncologice și este de cele mai multe ori o problemă.

Instalat, limfedemul nu poate fi vindecat.

Limfedemul se instalează în urma pierderii mobilității.

Poate afecta: fața, organele genitale și membrele (mâini, picioare).

Factori de risc:

1. Boală venoasă cronică
2. Obezitatea
3. Artrita reumatoidă
4. Bolile cardiace
5. Ortostatismul
6. Infecțiile pielii
7. Imobilitatea

Simptome:

1. Inflamarea degetelor
2. Modificări ușoare până la cele extreme
3. Creșterea temperaturii: senzație de arsură, înțepături, furnicături, senzație sau stare febrilă, frisoane, senzație de sete
4. Stare generală rea

Tratament

Tratamentul recomandat este Terapia Limfatică Decongestionantă și presupune:

1. Exerciții fizice
2. Bandaje

3. O îngrijire riguroasă a pielii
4. Masaj terapeutic sau drenaj limfatic manual
5. Autodrenajul

Tratamentul este zilnic și de durată și se bazează pe mișcare și masaj.

Cântece Religioase

A bătut la ușa ta Cineva

A bătut la ușa ta Cineva
Nu-i răspunde nimeni.
De trei nopți la ușa ta
Stă un om și plânge
Fața Lui e numai răni, pieptul numai sânge.

- Cine ești străin pribeag ? Cine ești ?
- De-al cui dor Tu rătăcești ?
- Pentru cine te-au brazdat bice fără număr?
- Ce povară ți-a lăsat rana de pe umăr ?

Eu sunt vinul ce s-a scurs lumii întregi
Și sunt pâinea noii Legi.
N-am venit să plâng în drum răni usturătoare
Am venit să dăruiesc lumii îndurare !

Simbolul Credinței

Crezul

Cred într-unul Dumnezeu, Tatăl Atotțiitorul, făcătorul Cerului și al Pământului, văzutelor tuturor și nevăzutelor.

Cred întru Unul Domn Iisus Hristos, Fiul lui Dumnezeu, Unul-Născut, care din Tatăl s-a născut mai înainte de toți vecii. Lumină din Lumină, Dumnezeu Adevărat din Dumnezeu Adevărat, născut, iar nu făcut, Cel de o ființă cu Tatăl prin Care toate s-au făcut. Care pentru noi oamenii și pentru a noastră mântuire S-a pogorât din Ceruri și s-a întrupat de la Duhul Sfânt și din Maria Fecioara și S-a făcut om. Și S-a răstâgnit pe Cruce pentru noi în zilele lui Pilat din Pont, a pătimit și S-a îngropat. Și a înviat a treia zi după Scripturi. Și S-a suit la Ceruri și șade de-a Dreapta Tatălui. Și iarăși va să vină cu slavă să judece viii și morții, a cărui Împărăție nu va avea sfârșit.

Cred întru Duhul Sfânt, Domnul de Viață Făcătorul, Care din Tatăl purcede, Cela ce împreună cu Tatăl și cu Fiul este închinat și slăvit, care a grăit prin Prooroci.

Cred întru Una Sfântă Sobornicească și Apostolească Biserică.

Mărturisesc un Botez pentru iertarea păcatelor.

Aștept învierea morților. Și viața veacului ce va să vie. Amin !

Rugăciunea Cinstitei Cruci
A Părintelui Cleopa Ilie

Să învie Dumnezeu și să se risipească vrăjmașii Lui și să fugă de la fața Lui cei ce îl urăsc pe El: Să piară cum piere fumul, cum se topește ceara de fața focului, așa să piară diavolii de la fața celor ce îl iubesc pe Dumnezeu și se însemnează cu semnul Crucii și zic cu veselie :

— Bucură-te preacinstită și de viață făcătoare Crucea Domnului, care alungi pe diavoli cu puterea Celui ce S-a răstâgnit pe tine, a Domnului Nostru Iisus Hristos și care S-a pogorât la iad și a călcat puterea diavolului și te-a dăruit nouă pe tine, cinstită Crucea Sa, spre alungarea a tot pizmașul !

O, preacinstită și de viață făcătoare, Crucea Domnului, ajută-mi mie cu Sfânta Fecioară, Născătoare de Dumnezeu Maria și cu toți Sfinții în veci. Amin !

Troparul Învierii

— Hristos a înviat din morți cu moartea pe moarte călcând și celor din morminte viață dăruindu-le !

INCHEIERE

EGIPTUL – RELIGIA ORTODOXA

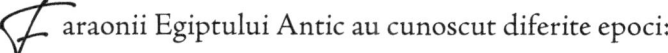araonii Egiptului Antic au cunoscut diferite epoci:

1. Egiptul Predinastic: Perioada ProtoDinastică, Perioada Dinastică Timpurie, Prima și a doua Dinastie

2. Vechiul Regat: A treia, a patra, a cincea și a șasea Dinastie

3. Prima perioadă Intermediară: A șaptea, a opta, a noua, a zecea, a unsprezecea Dinastie

4. Regatul Mijlociu: A unsprezecea Dinastie, a doisprezecea, a treisprezecea, a paisprezecea Dinastie

5. A doua perioadă Intermediară: A cincisprezecea, a șaisprezecea, a șaptesprezecea Dinastie

6. Noul Regat: A optsprezecea, a nouăsprezecea, a douăzecea Dinastie

7. A treia perioadă Intermediară: A douăzecişiuna, a douăzecişidoua, a douăzecişitreia, a douăzecişipatra, a douăzecişicincea Dinastie

8. Perioada Tîrzie: A douăzecişişasea, a douăzecişişaptea, a douăzecişiopta, a douăzecişinoua, a trizecea, a treizecişiuna Dinastie

9. Perioada Greco- Romană

10. Cleopatra

11. Alexandru Cel Mare

Egiptul, oficial Republica Arabă a Egiptului este o ţară care se întinde în Nord-Estul Africii şi în Sud-Estul Asiei prin Peninsula Sinai.

Este mărginit de Marea Mediterană la Nord, de Fâşia Gaza din Palestina şi de Israel în Nord-Est, de Marea Roşie în Est, de Sudan la Sud, de Libia la Vest, de golful Aquaba în Nord-Est care separă Egiptul de Iordania şi Arabia Saudită.

Cairo este capitala Egiptului.

Limba oficială este limba arabă.

Moneda este Lira egipteană.

Religiile în Egipt:

1. Religia Ortodoxă

2. Religia Ortodoxă Coptcă

Pe lângă ortodocşi mai sunt şi musulmani.

În Antichitate cuvântul copt era folosit pentru a face referire la egipteni, iar acum este folosit pentru a desemna Creştinii din Egipt.

Creştinismul a pătruns în Egipt în secolul I al Erei Noastre prin Apostolul Marcu, pe care copţii îl consideră I Papă al Alexandriei.

Biserica Ortodoxă Coptă a devenit Biserică de sine stătătoare.

Populaţia totală a persoanelor ortodoxe copte este de peste 12 milioane: în Egipt 9 milioane, în U.S.A. aproape 1 milion, în Australia aproximativ 70.000.

Ei sunt descendenţii egiptenilor care au acceptat Religia Creştină în primele secole ale Erei Noastre.

Obiective turistice în Cairo:

1. Fluviul Nil
2. Muzeul egiptean
3. Bazarul
4. Moscheea Albastră
5. Palatul Amir Taz
6. Piramidele din Giza
7. Sfinxul din Giza

Obiective turistice în Alexandria:

1. Catacombele
2. Mosquea
3. Muzeul Greco- Roman
4. Plaja
5. Biblioteca din Alexandria
6. Cetatea Quaitby
7. Amfiteatrul Roman
8. Palatul și grădinile Montazoh
9. Mănăstirea Al Attarib a Sfântului Mare Mucenic Mina (Biserică Ortodoxă)
10. Biserica Ortodoxă din Alexandria Sfântul Marcu

Obiective turistice în Hurghada:

1. Insula Giftun
2. Delfinarul din Marea Roşie
3. Insula Mahmya
4. AquaPark lumea apei Makadi
5. Parcul Jungle
6. Royal Seascape Submarin Cruise
7. Insula Orange Bay
8. ATV
9. Moschee Al Mina Mosque
10. Hurghada Grand Aquarium
11. El Dahar Square

12. Portul maritim de pe malul Mării Roșii : Hurghada Marina

13. Scufundări Scuba Diving

Hurghada

Hurghada este un oraș turistic situat pe malul Mării Roșii.

Este vizitat de turiștii din toată lumea, având aproximativ 300 de hoteluri aflate atât în oraș, cât și pe malul mării.

Eu și familia mea am vizitat orașul Hurghada de 5 ori, fiind cazată într-un hotel de lux, de 5 stele, cu mare proprie.

AMC Royal Hotel este un hotel cu mai multe etaje, cu camere mari și spațioase, cu paturi mari, cu balcoane, cu trei brațe construite într-un mod arhitectural deosebit, care comunică prin scări și prin 8 lifturi.

Hotelul oferă la intrare, lângă Recepție, un Mall cu produse de vânzare, cu schimb valutar, cu stație de taxi.

Are mai multe baruri și mai multe săli de mese.

Sala de mese principală este la parter, are aproximativ 1.000 de locuri, este spațioasă și are bufet suedez de tip All Inclusive.

Sala de mese de la etajul întâi este deschisă pentru o seară italiană, gratuită tuturor clienților, cu rezervare.

Există posibilitatea servirii unei cine egiptene, romantice, pe malul mării.

Există sală de fitness, cu acces gratuit.

Hotelul oferă: jacuzzi, saună, masaj, servicii de îmfrumusețare, servicii cosmetice, hair stylist, mai multe facilități contra-cost.

Hotelul are mai multe piscine afară, cu bar în piscină, cu acces gratuit, scaune și mese pe plajă proprie, nisip fin, șezlonguri cu umbreluțe, acces la mare, baruri și wc-uri în apropiere.

Orele de amuzament pe plajă nu lipsesc: dans pe nisip, aerobic pe iarbă, yogga, tragerea la țintă, dans în apă, tunuri de spumă și altele.

Hotelul are o firmă de excursii: cu barca cu fundul de sticlă, prin care se văd coralii, la muzeu, prin oraș la cumpărături, la statuile de nisip, la Aqualand, la muzeu, cu vaporul pe insule, etc.

Curățenia este impecabilă.

În camere se face curățenie zilnic, se oferă apă plată, ceai, cafea, zahăr, lapte, se schimbă zilnic prosoapele și se oferă geluri de duș, de păr, etc.

Barurile sunt deschise pe tot parcursul zilei.

Un bar este deschis non-stop.

Se oferă cockteiluri cu puțin alcool sau fără alcool.

Se oferă înghețată.

Piscinele pot fi folosite în timpul zilei.

Seara hotelul oferă amuzament o seară romantică cu un cântec de vioară, care se continuă apoi cu amuzament pentru copiii mici și mai târziu cu Discotecă pentru adulți.

Hotelul oferă ședințe foto contracost.

Este situat în apropierea unei Moschee și a unei Biserici Ortodoxe Coptcă.

Visul Maicii Domnului

Precuvântare

Această Rugăciune s-a găsit la Prea Sfântul Mormânt al Prea Sfintei de Dumnezeu Născătoare și pururi Fecioara Maria, în Asia, care s-a tradus în limba greacă și mai apoi s-a tipărit în românește de mai multe ori, cuprinzând și următoarea precuvântare:

Această Rugăciune cine o va citi cu credință în toată ziua o dată și o va purta la sine, acela cu puterea lui Dumnezeu cel în Trei Fețe Proslăvit și cu ajutorul Prea Sfintei de Dumnezeu Născătoare va fi păzit de toate relele și nu se va teme de înnecare în râuri sau în mare, nici nu va muri de vre-o moarte cumplită și de boală, își va afla mângâierea sufletului său și însănătoșire.

Femeia însărcinată de o va citi în toate zilele, va naște cu ușurință, iar cei asupriți își vor dobândi dreptatea.

Cel ce va fi supărat de dușmani și de duhul necurat, se va izbăvi, și la sfârșitul vieții sale, cu trei zile înainte de moartea sa, va vedea în somnul său pe Prea Sfânta de Dumnezeu Născătoare, cu ale cărei Rugăciuni, Hristoase Dumnezeule mântuiește-ne pe noi ! Amin !

Ev. Matei, Cap VII, Stih 7 :

Cereți și vi se va da vouă.

Căutați și veți afla.

Bateți și vi se va deschide.

Visul ce a visat Născătoarea de Dumnezeu mai înainte de a se răstâgni Domnul nostru Iisus Hristos

Dorminând Prea Sfânta Fecioară Născătoare de Dumnezeu în muntele Eleonului când a fost în Cetatea Betleemului a venit acolo Domnul nostru Iisus Hristos și a întrebat-o:

— Maica mea Prea Sfântă dormi?

Iar ea a zis:

— Fiul meu Prea Dulce și Prea Frumoase Iisuse am fost adormită și iată că am visat Strașnic vis pentru Tine.

Şi a zis Domnul:

— Spune, maica mea visul ce ai visat.

Şi ea a zis:

— Fiul meu Prea Dulce am văzut pe Petru în Antiohia şi în Roma şi pe Pavel în Damasc, iar pe tine te-am văzut în Cetatea Ierusalimului, răstîgnit pe Cruce între doi Tîlhari.

Cărturarii, Fariseii şi Necredincioşii defăimându-te foarte Te-au batjocorit şi deculţ Te-au judecat şi cu fiere te-au hrănit şi cu oţet te-au adăpat, cu trestie şi cu toiag peste cap te-au bătut şi în sfântul obraz Te-au scuipat şi Cunună de Spini pe capul Tău au pus şi unul dintre ostaşi cu suliţa în coastă Te-a împuns din care îndată a curs Sânge şi Apă.

Soarele s-a întunecat şi Luna în roşeaţă s-a schimbat.

Catapeteasma Bisericii de sus până jos în două s-a despicat şi întuneric mare s-a făcut peste tot Pământul de la al şaselea până la al nouălea ceas.

Iosif şi cu Nicodim mi se părea că te coboară de pe Cruce şi cu giulgi curat te-au îmfăşurat şi în Mormânt Te-au pus şi în iad Te-ai pogorât şi uşile cele de aramă le-ai sfărâmat, zăvoarele cele de fier Fe le-ai zdrobit, pe Adam şi pe Eva scoţându-i afară şi Înviind a treia zi Te-ai înălţat la Ceruri şi Te-ai pus de-a Dreapta Tatălui.

Iar Domnul a zis:

— Maica mea Prea Sfântă Adevărat vis ai visat și acestea toate voiu să le pătimesc pentru neamul omenesc. Și de va scrie visul tău și îl va ține la sine îl va purta în casa sa și îl va păstra, de acea casă dracul nu se va apropia și pe Duhul cel necurat îl va goni și Îngerul lui Dumnezeu va sta întotdeauna lângă dânsul de-a dreapta și de năvălirile și supărările dintre oamenii cei răi va fi mântuit și la drum de va călători și va avea acest vis lângă sine, acel om nu se va teme de grindină, de tunet, de fulger și de toată moartea grabnică va fi ferit.

— Arhanghelul Mihail va fi lângă dânsul îndreptând calea lui ori încotro va merge. La dreapta judecată va afla milă și la ieșirea sa din viață mă voi arăta acelui om, dimpreună cu Tine, Maica mea și îngerul meu va lua sufletul lui, ducându-l în împărăția Cerurilor, veselindu-se acolo cu toți drepții, care din veac bine au plăcut Mie.

Amin!

O, Prea Sfântă Doamnă și Stăpână Fecioară, de Dumnezeu Născătoare, primește nevrednica mea rugăciune și mă păzește de moarte năprasnică și îmi dăruiește Pocăință înaintea sfârșitului meu.

Amin !

Închinăciune

Închinu-mă cinstitelor Tale patimi, Hristoase, Mântuitorul meu !

Închinu-mă îndelung răbdării Tale, mult milostive Hristoase al meu !

Închinu-mă smereniei Tale cea îndelungată pentru mine păcătosul !

Închinu-mă Îngropării şi Învierii Tale celei de-a treia zi, suirii la Ceruri, şederii de-a Dreapta Tatălui, slăvitei şi a doua iarăşi veniri, atunci Mântuitorul meu, să nu mă judeci după faptele mele, pe mine ticălosul, că Ţie Doamne Unuia am greşit şi rău înaintea Ta am făcut, dar Ţie Unuia mă închin şi pe alt Dumnezeu afară de Tine nu am. Tu dară, după judecăţile Tale mă mântuieşte şi mă miluieşte ca un bun şi de oameni iubitor.

Amin !

Visul Maicii Domnului care cuprinde muncile creştinilor pe care le-a arătat Arhanghelul Mihail, Prea Sfintei Născătoare de Dumnezeu şi pururi Fecioara Maria, ca să vadă unde chinuiesc Creştinii păcătoşi cu sufletele după moarte

Maica Domnului a avut un somn greu şi în vis i s-a arătat Arhanghelul Mihail care a dus-o să îi arate iadul.

Atunci a zis Maica Domnului:

– Spune-mi Mihaile, câte munci sunt ?

Iar Mihail a răspuns:

– Muncile Creștinilor păcătoși sunt fără de număr.

Poze

Poze frumoase de pe motorul de căutare Google al internetului WWW

Poze amatoricești cu familia, cu peisaje deosebite, cu mâncare

Poze amatoricești cu biserici

Poze amatoricești cu mine înainte de diagnosticul de Cancer, în perioada tratamentului, după tratament, în perioada operației, după operație

Selfie

An nou cu sănătate maximă și griji minime!

Life

Family

Care

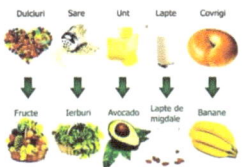

Care

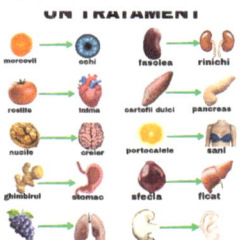

Merry Christmas

The Sacred Born

Happy Easter

Colorfull Eggs

Love

Picture

Picture

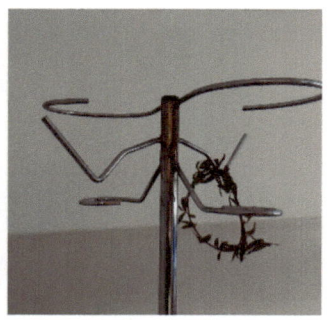

Gold

Saint

The Orthodox Church in The Ciuchici Village of Romania country of Europe Continent.

Church

Mother

Father

Mother

Father

Time

Cake

Hope

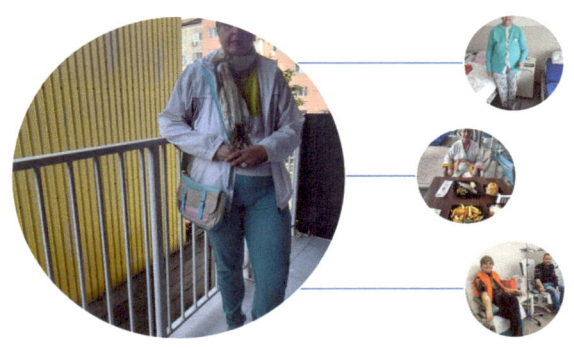

Teacher Dana

Dear Sofia

Student-Teacher
Alexandra